collana didattica di musiche a cura di

Celestino Dionisi

Dedicato al Flauto Dolce

Le scale
per Basso

Baroque Personal Trainer

ISBN: 978-88-91133-82-3

Youcanprint Self-Publishing
Via Roma, 73 - 73039 Tricase (LE) - Italy
www.youcanprint.it
info@youcanprint.it
Facebook: facebook.com/youcanprint.it Twitter:
twitter.com/youcanprintit

Baroque Personal Trainer http://studioemc.it/
baroquetrainer/baroquetrainer@studioemc.it

Per vedere i video relativi a questo e ad altri volumi della collana:
To view videos on this and other books in the series:
You Tubehttp://www.youtube.com/user/BaroqueTrainer

Do maggiore

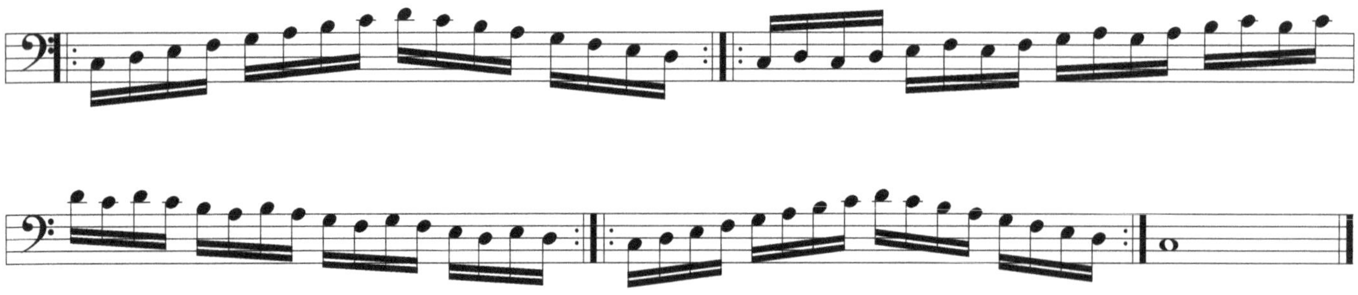

La minore armonica

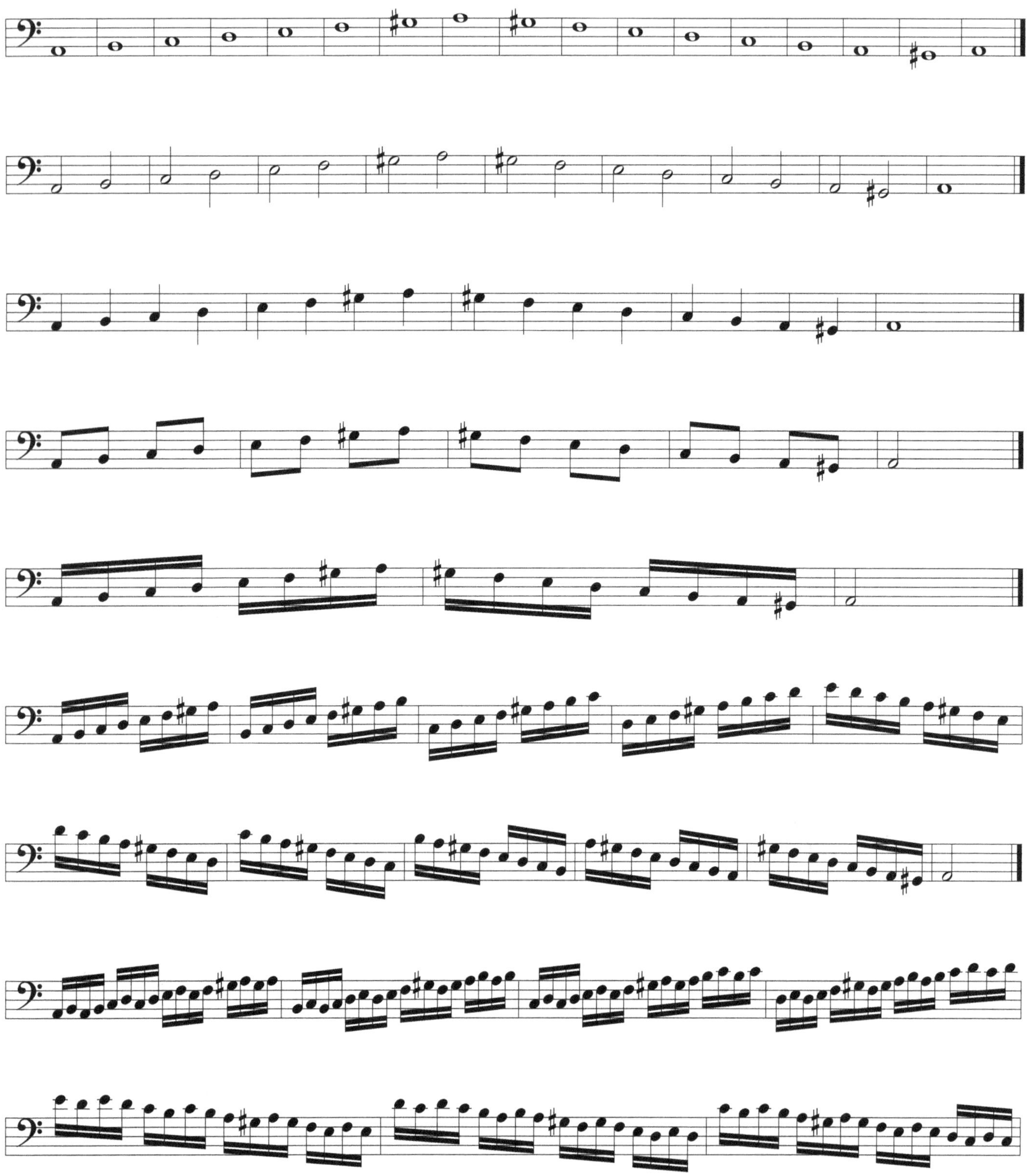

La minore melodica

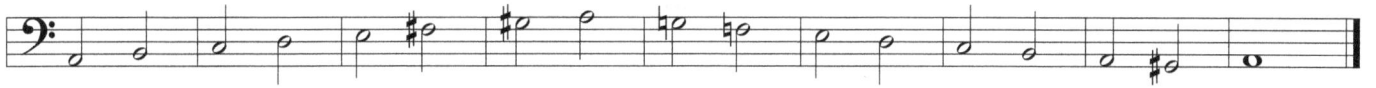

4

La minore di J.S. Bach

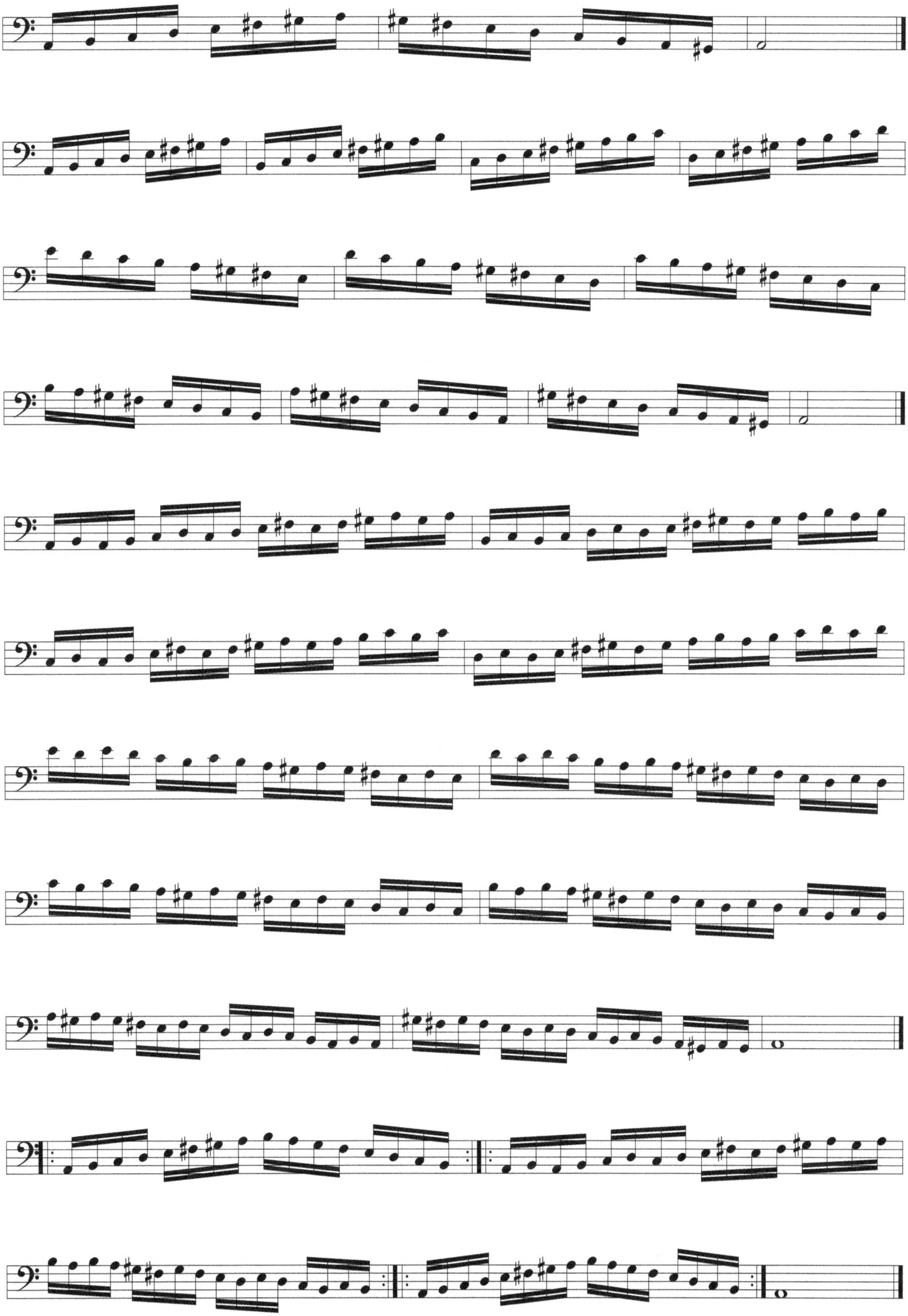

6

Fa maggiore

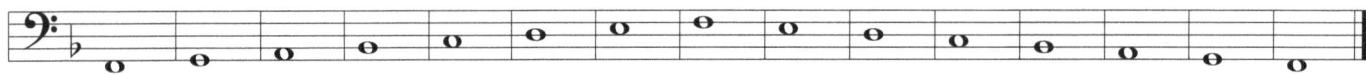

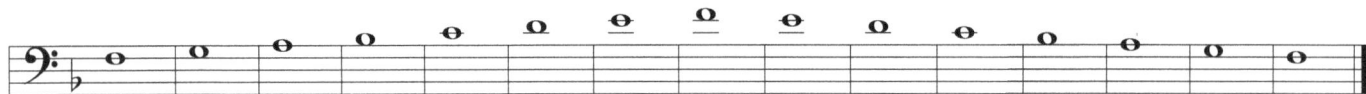

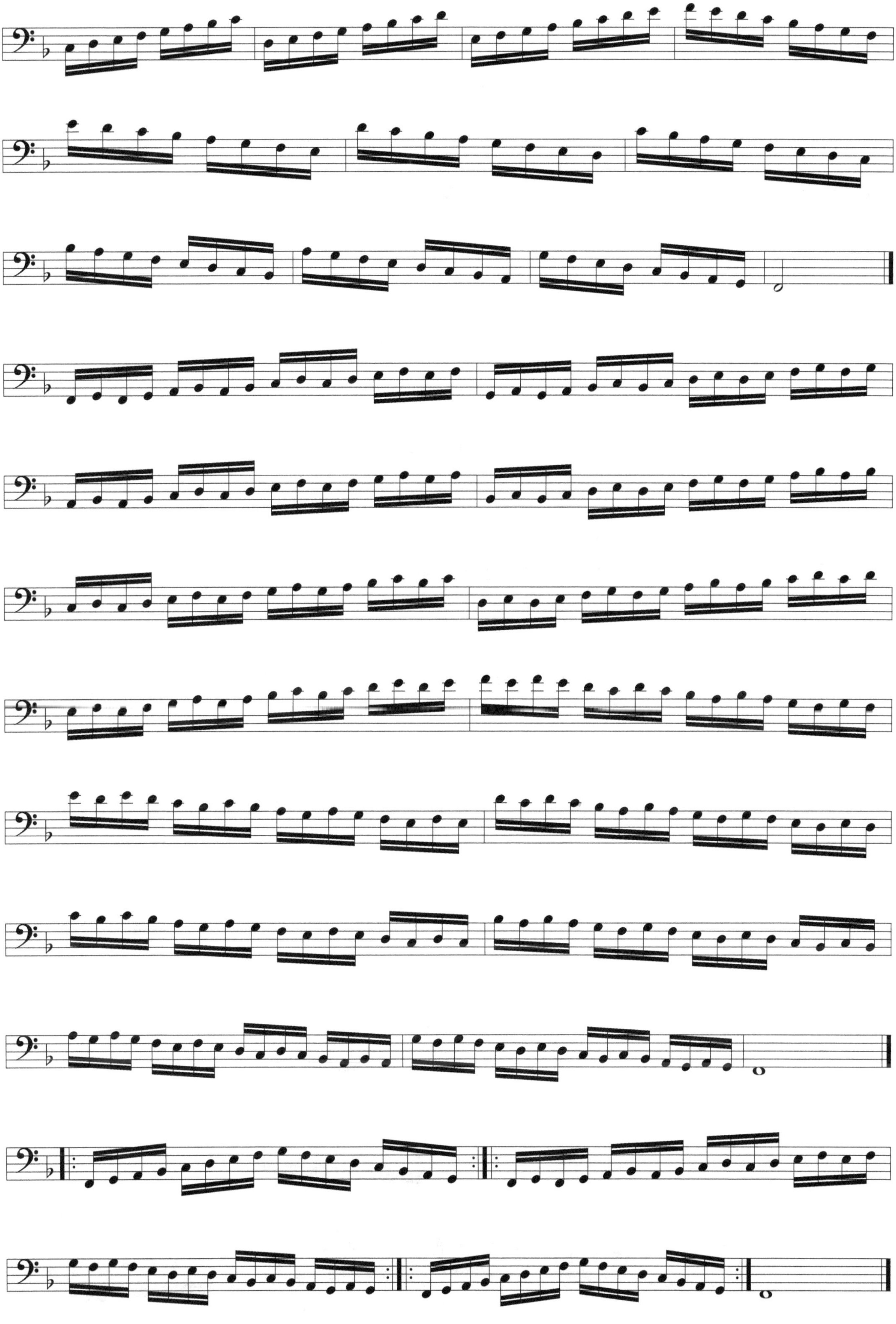

Re minore armonica

Re minore melodica

10

Re minore di J.S. Bach

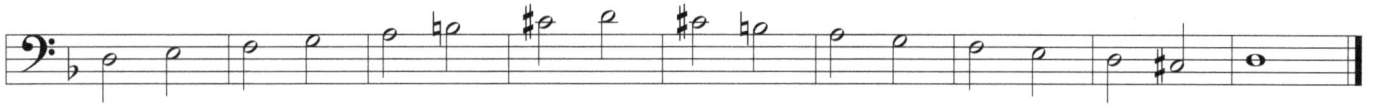

Sol maggiore

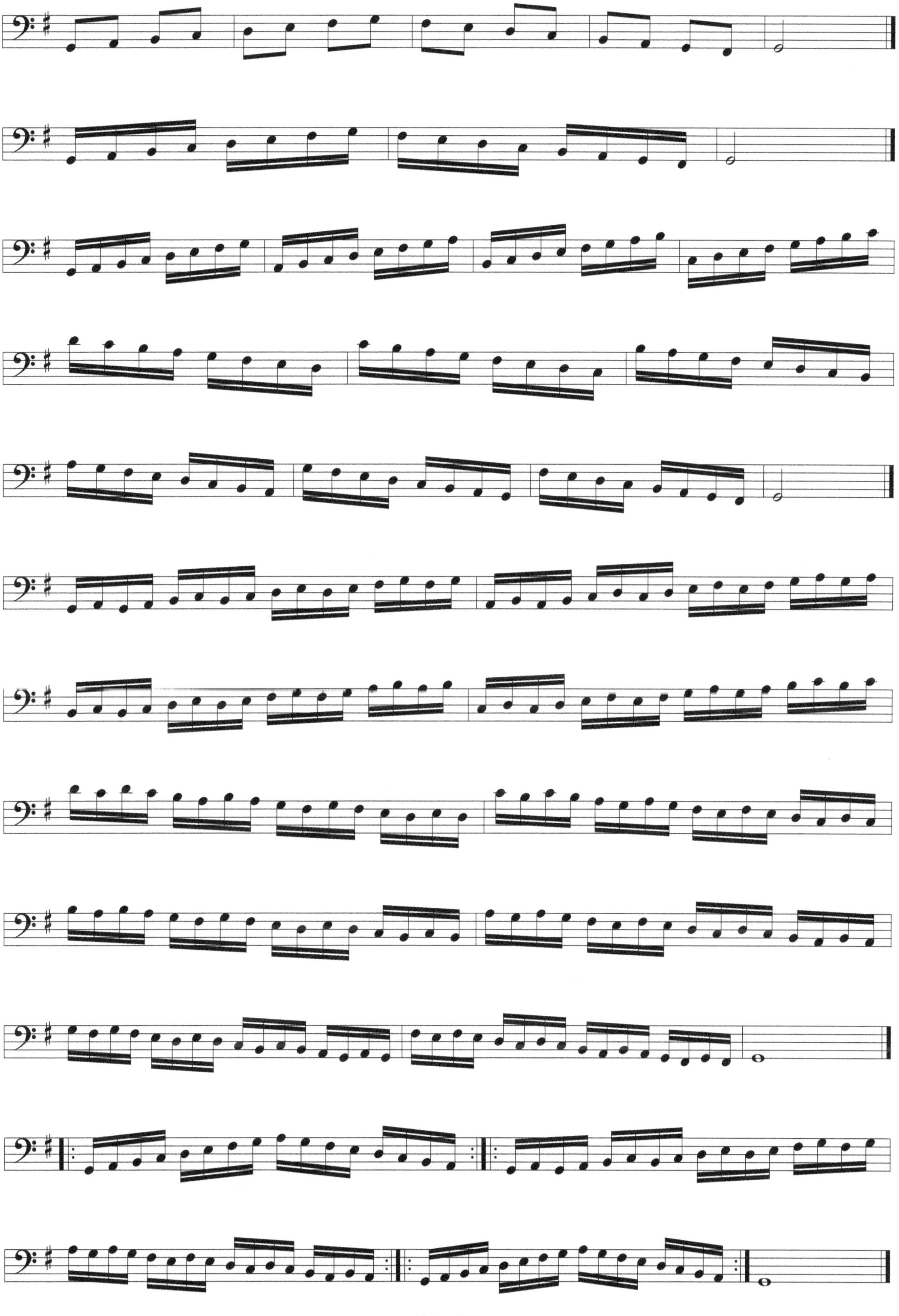

Mi minore armonica

Mi minore melodica

16

Mi minore di J.S. Bach

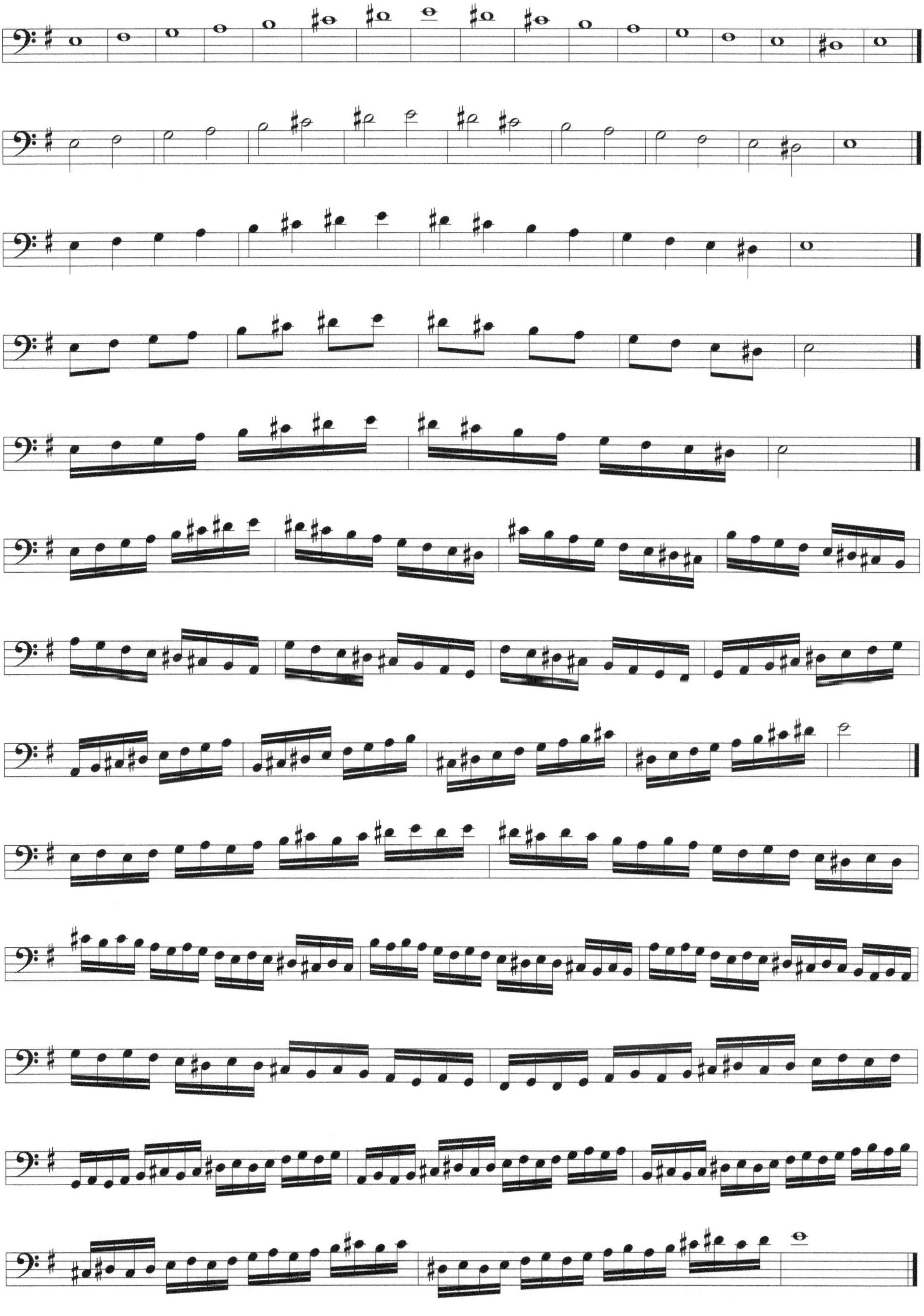

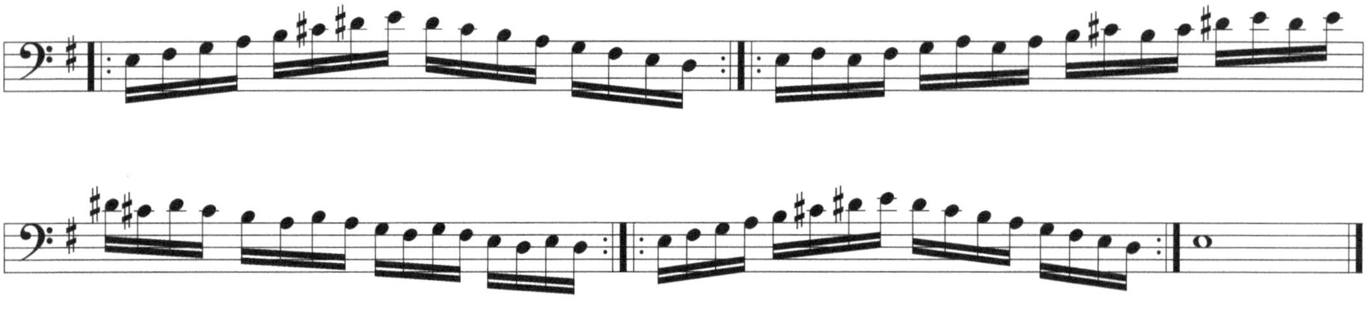

Si♭ maggiore

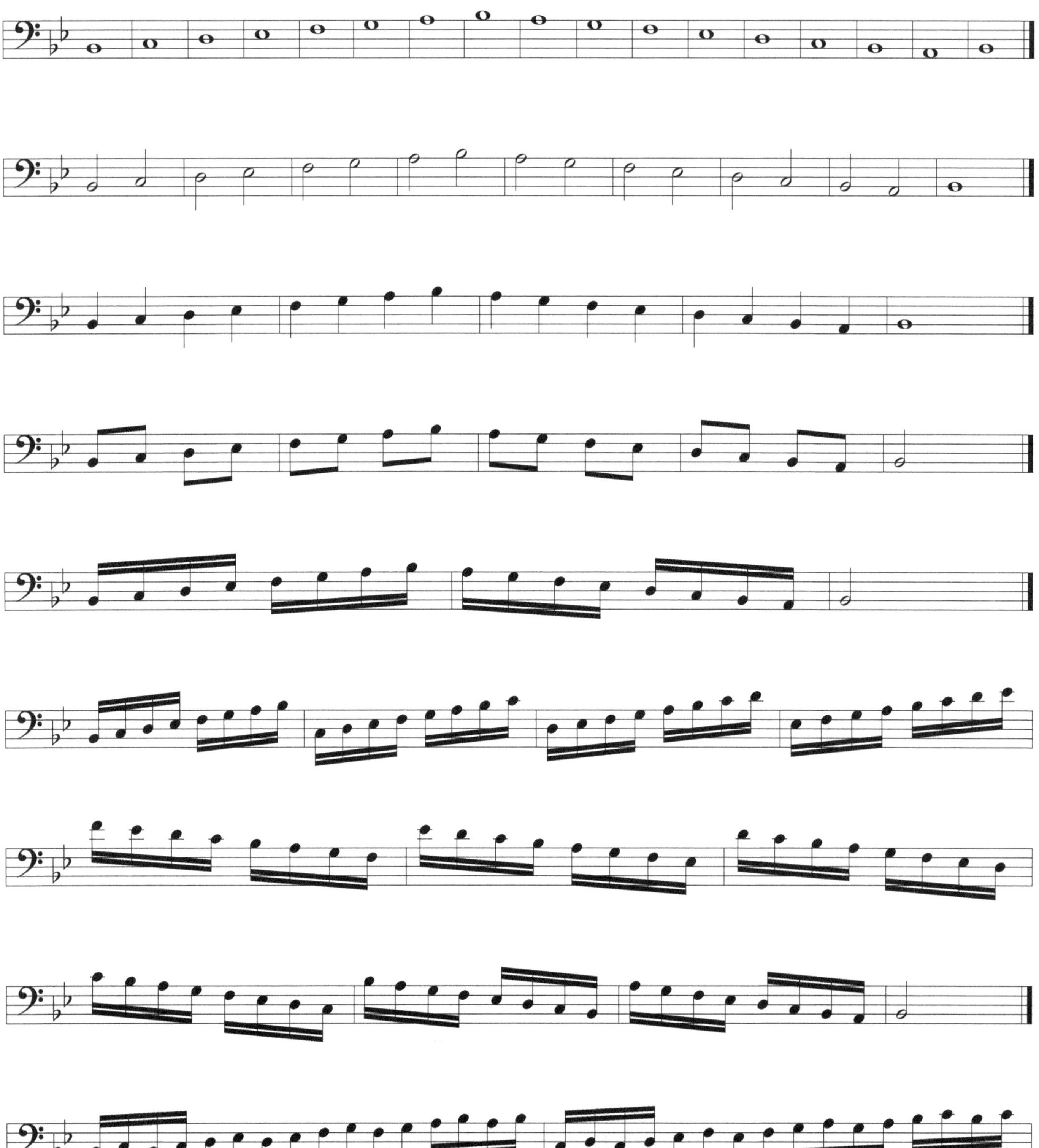

Sol minore armonica

Sol minore melodica

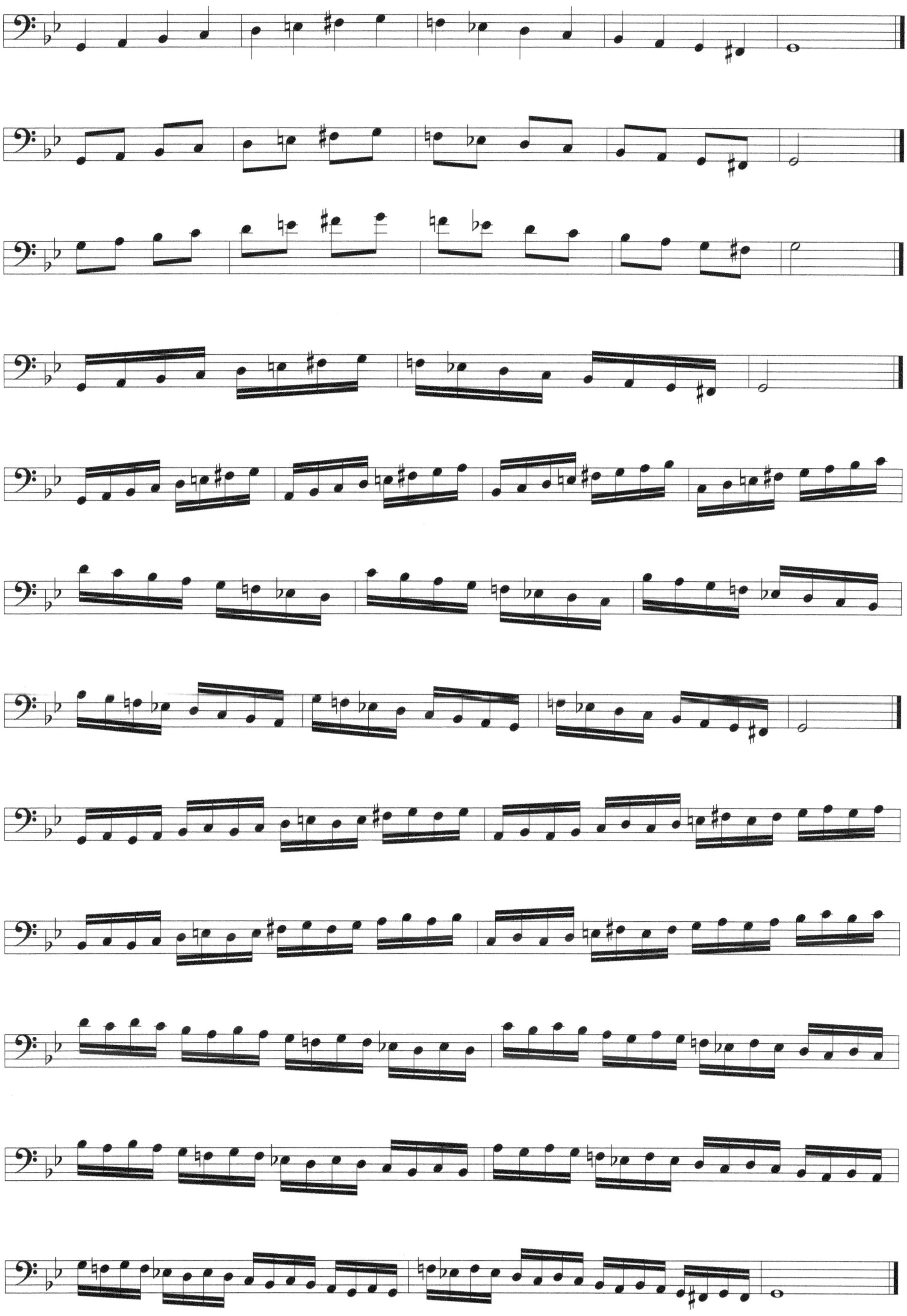

Sol minore di J.S. Bach

Re maggiore

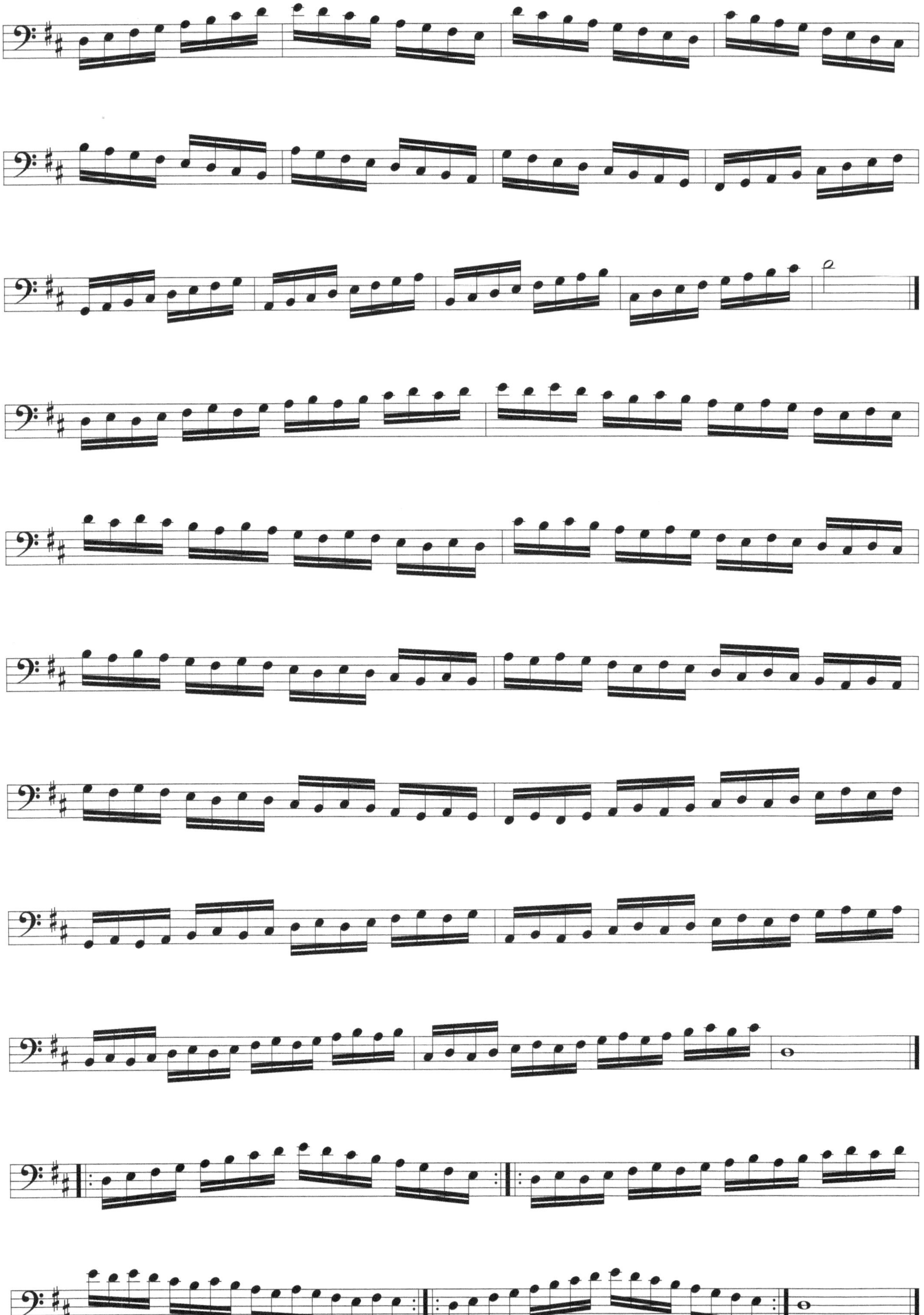

Si minore armonica

Si minore melodica

Si minore di J.S. Bach

28

Mi♭ maggiore

Bpt - 004

Do minore armonica

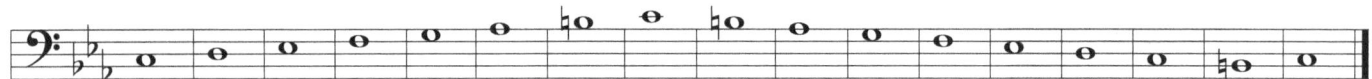

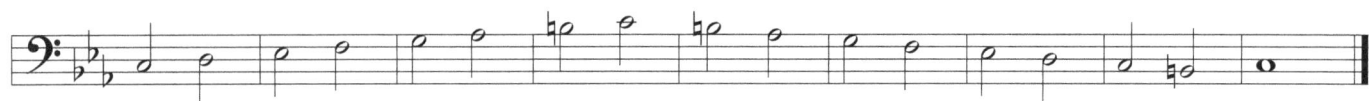

Do minore melodica

32

Do minore di J.S. Bach

La maggiore

36

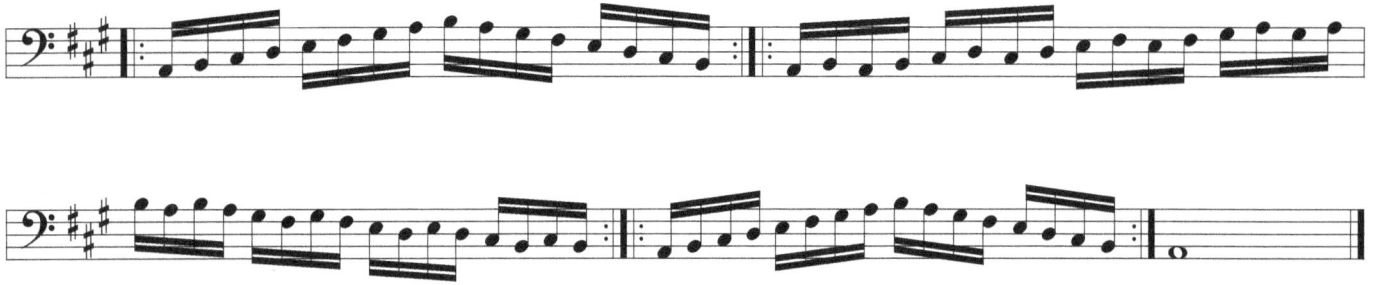

Fa♯ minore armonica

Bpt - 004

Fa♯ minore melodica

38

Fa♯ minore di J.S. Bach

40

youcanprint

Finito di stampare nel mese di Febbraio 2014
per conto di Youcanprint Self - Publishing

www.ingramcontent.com/pod-product-compliance
Lightning Source LLC
Chambersburg PA
CBHW081543090426
42741CB00013BA/3246

9 788889 113823